Mi Little Golden Book sobre

TAYLOR SWIFT

por Wendy Loggia
ilustrado por Elisa Chavarri
traducción de María Correa

*La autora dedica este libro a su hija, Olivia Joyce:
siempre tengo el mejor día contigo.*

 A GOLDEN BOOK • NEW YORK

Derechos del texto reservados © 2023 por Wendy Loggia
Derechos de las ilustraciones de la cubierta y del interior reservados © 2023 por Elisa Chavarri
Derechos de la traducción al español reservados © 2024 por Penguin Random House LLC
Traducción de María Correa
Todos los derechos reservados. Publicado en Estados Unidos por Golden Books, un sello
editorial de Random House Children's Books, una división de Penguin Random House LLC,
1745 Broadway, Nueva York, NY 10019. Golden Books, A Golden Book, A Little Golden Book,
el colofón de la G y el distintivo lomo dorado son marcas registradas de Penguin Random House LLC.
Previamente publicado en inglés como *Taylor Swift: A Little Golden Book Biography* por Random
House Children's Books, una división de Penguin Random House LLC, Nueva York, en 2023.
rhcbooks.com
Educadores y bibliotecarios, para acceder a una variedad de recursos de enseñanza,
visítenos en RHTeachersLibrarians.com
Número de control de la Biblioteca del Congreso de los Estados Unidos de América: 2022931984
ISBN 978-0-593-89937-3 (trade) — ISBN 978-0-593-89938-0 (ebook)
Impreso en los Estados Unidos de América
10 9 8 7 6 5 4 3 2 1

Taylor Alison Swift nació el 13 de diciembre de 1989, en West Reading, Pennsylvania. Sus padres le escogieron ese nombre en honor a un famoso músico llamado James Taylor.

Ella creció junto a su hermano menor, Austin,
rodeada de mucho amor.
    Los Swift hacían muchas actividades en familia.
Leían libros juntos, visitaban nuevos lugares y se
divertían en la naturaleza.

La Navidad era una de las festividades favoritas de Taylor. ¡Lo que hacía que esta época fuera aún más emocionante era que su familia vivía en una granja de árboles de Navidad!

«Realemente amo la Navidad. Ojalá fuera todo el año».

Todos colaboraban durante la Navidad. El padre de Taylor cortaba los campos en su tractor. ¿El trabajo de Taylor? Buscar y retirar los nidos de huevos de mantis religiosa de los árboles. ¡Los Swift no querían que alguien tuviese una desagradable sorpresa al abrir los regalos de Navidad!

Durante su niñez, Taylor intentó muchas cosas diferentes. Montó caballos, actuó en obras de teatro, escribió poesía. Pero cuando aprendió a tocar la guitarra, supo que había encontrado su pasión.

Cuando Taylor tiene una meta, ¡nada la detiene!
Ella era una gran admiradora de las superestrellas
de la música country Faith Hill y Shania Twain,
y un día descubrió que ambas habían comenzado
sus carreras en Nashville, Tennessee.

Eso era todo lo que Taylor, con sus diez años de edad, necesitaba saber. Les pidió a sus padres que la llevaran a Nashville. Se los suplicó día tras día. Y finalmente, cuando tenía once años, ¡sucedió! Su madre la llevó allí, junto con Austin, durante las vacaciones de primavera. Recorrieron de arriba a abajo Music Row, un área donde estaban los estudios de grabación y los negocios de música country. Mientras su madre y su hermano la esperaban en el auto, Taylor corría a las oficinas de las casas disqueras y repartía CDs que ella misma había hecho con su propia música.

Taylor cantaba en todos los lugares donde quisieran tenerla, incluyendo ferias, festivales y juegos de pelota. Pero a veces perseguir tus sueños implica hacer cosas que otras personas no comprenden. Las chicas de la escuela eran malas con Taylor. Sus compañeras pensaban que era extraño que le gustara tanto la música country.

Esto hacía a Taylor sentir triste. Pero ella no estaba dispuesta a dejar de hacer lo que tanto amaba.

Cuando Taylor tenía trece años, sucedió algo increíble. ¡La disquera RCA Records querían trabajar con ella! Taylor y su familia se despidieron de Pennsylvania y se mudaron a Nashville. ¡Su sueño de convertirse en una estrella de la música country estaba a punto de convertirse en realidad!

Para Taylor, escribir canciones era tan importante como cantarlas. Pero por ser tan joven, la casa disquera quería que ella interpretara canciones de otros artistas. Ellos consideraban que Taylor debía esperar antes de grabar su propio álbum.

Ella no aceptó. Una noche, Taylor se presentó en el Bluebird Café de Nashville. Allí, alternó algunas de sus canciones con las de otros cantantes. Su voz logró cautivar entre el público a un ejecutivo que estaba creando un nuevo sello discográfico. ¿Adivinen a quién contrató para grabar un disco? ¡A Taylor Swift!

Su primer álbum, *Taylor Swift*, salió cuando ella apenas tenía dieciséis años. ¡Ella estaba encantada cada vez que escuchaba sus canciones en la radio! Su próximo disco, *Fearless*, fue el álbum más vendido del año y la convirtió en una gran estrella.

Taylor es así: sin miedo. Cuando realizó su primera gira de conciertos, ¡conquistó el universo de la música!

Una de las mayores fortalezas de Taylor es contar historias. Sus canciones cuentan historias con las que mucha gente se identifica.

Taylor escribió todas las canciones de su tercer álbum, *Speak Now*. ¡Oírlo es como escuchar su diario cantado en voz alta!

Muchas de las canciones de Taylor están inspiradas en su propia vida, como «The Best Day», cuya letra habla de la experiencia de crecer en una familia amorosa y contar con el apoyo de su madre.

Taylor y su madre, Andrea, siempre han sido muy unidas. Ellas hablan de todo. Nadie conoce mejor a Taylor que su mamá.

Intentar cosas nuevas y tomar riesgos es importante para Taylor. Por eso, a pesar de que la música country fue su primer amor, ella aceptó el gran desafío de grabar un disco pop llamado *1989*, ¡y fue el álbum más vendido del año! Taylor nunca permite que nada le impida crear la música que ama.

A Taylor también le encanta compartir con sus admiradores. Ellos saben que su número de suerte es el trece. Con frecuencia, ella esconde pistas y símbolos en su música y sus videos. Para algunos de sus discos, ella sorprendió a grupos de sus seguidores y los invitó a fiestas privadas a escuchar las nuevas canciones antes de que el álbum saliera al mercado. Ellos fueron a su casa, conocieron a su familia, ¡hasta hornearon galletas juntos!

Cuando a Taylor le gusta algo, ella le cuenta a todo el mundo. ¿Quieres saber algo que en verdad adora? ¡Los gatos!

Taylor goza de una gran reputación por su defensa contra la injusticia racial y por alentar a la gente a votar. Ella lucha por sus derechos y los de otros artistas, aún en situaciones adversas. Ella no es solo una superestrella, ¡es una pionera!

La determinación de Taylor ha dado sus frutos. Sus discos han vendido millones de copias. Ella ha ganado múltiples Grammys. Ha viajado alrededor del mundo y ha hecho feliz a la gente con su música. ¿Qué hará después?

Cuando eres Taylor Swift, ¡el cielo es el límite!